LA
MONARCHIE
DÉMOCRATIQUE

Prix : 1 franc

PARIS

E. LACHAUD, ÉDITEUR

4, PLACE DU THEATRE-FRANCAIS

—

1871

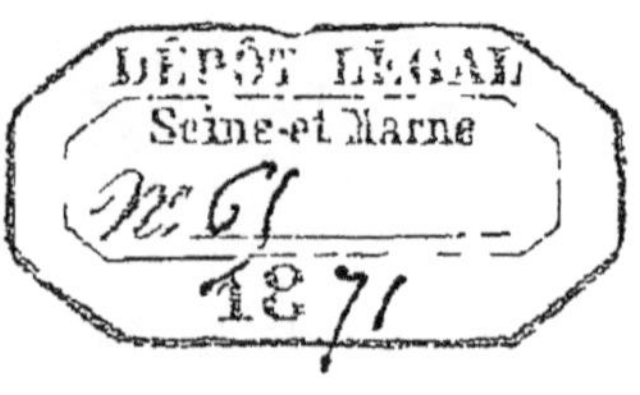

LA
MONARCHIE DÉMOCRATIQUE

---

*
* *

L'heure est décisive !

Nul Français n'a le droit de se soustraire au devoir sacré que lui imposent les malheurs de la patrie, et si l'*indifférentisme* de ces dernières années n'a pas complétement éteint notre patriotisme, nous devons, avec passion, consacrer nos forces et notre intelligence au salut de la France.

Notre héroïque armée termine son œuvre, et bientôt

’humanité sera vengée des monstres exécrables qui la deshonorent ! Laissons l’histoire faire justice de toutes ces infamies, et, comprimant nos douleurs, cherchons à dissiper les angoisses de l’avenir qui se dresse devant nous plein de nouveaux périls !

Quels sont nos moyens de salut après la triste expérience du passé?

C’est ce que nous allons rechercher, n’ayant que la vérité pour guide et le bien public pour but.

*
* *

Nous appartenons à cette génération dont les sentiments libéraux ont grandi sous les dernières années du césarisme, et qui voulait sincèrement l’établissement de la République comme le seul gouvernement capable de rallier la majeure partie des opinions indécises et chancelantes.

Les républicains ont détruit nos illusions.

Au lendemain de cette honte éternelle qui a nom Sedan, nous avons salué la République avec enthousiasme. C’était la délivrance, et cela devait être le salut !

Oui, nous étions plein de foi et d’ardeur. Pouvions-nous penser que ceux qui, depuis vingt ans, prenaient tour à tour des attitudes de martyrs et d’apôtres, seraient les plus acharnés à détruire ce qu'ils avaient élevé avec tant de fracas?

Mais ces légions de purs et d'impurs ont pu dresser devant la République une barrière de fautes impardonnables et de crimes inouïs, l'idée restera pure de toute atteinte sacrilége !

Les hommes qui, le 4 septembre, se sont emparés du pouvoir, pouvaient trouver la justification de leur coup d'État dans le parfait accomplissement du mandat qu'ils avaient usurpé. C'est ce qu'ils n'ont pas cherché. Leurs phrases sonores et leurs pompeuses proclamations séduisirent le peuple qui reconnut, trop tard, l'effrayante incapacité de ses dictateurs.

Ce n'était pas assez de la France vaincue, humiliée et ruinée par l'empire, les républicains de la défense nationale devaient la laisser épuisée et mutilée aux mains d'une troupe de bandits assassins et incendiaires.

Par maladresse ou sciemment, les hommes du 4 septembre nous ont jetés dans l'abîme au fond duquel se trouvait la Commune; deux fois, au 31 octobre et au 22 janvier, ils pouvaient en finir avec cette foule de démagogues dont ils avaient surexcité les appétits brutaux avant et après leur avénement au pouvoir. Ils ont préféré ne rien voir. Mais nous, les victimes, nous avons le droit de leur dire: « Par vos faiblesses et vos complaisances pour ceux qui vous avaient élevés au pouvoir, vous avez compromis la société tout entière, c'est plus qu'une faute, c'est un crime!

Aujourd'hui le jacobinisme se meurt.

Il se meurt sur les ruines qu'il a entassées depuis la farouche émeute du 18 mars, mais son souvenir épouvantable couvrira d'horreur et d'ignominie les hideux apôtres de cette doctrine politique.

*
* *

Quelque étrange que puisse paraître cette opinion à ceux qui ont cru aux idées décentralisatrices des hommes de l'Hôtel de Ville, leurs actes ne furent qu'une copie servile ou une grotesque parodie de ceux des hommes de 93.

L'idée jacobine, dont ils étaient la vivante incarnation, n'avait d'autre mobile que la subordination de tous les besoins de la nation à la Raison d'Etat ; c'est-à-dire la justification de tous les despotismes, aussi bien celui d'un seul que de plusieurs réunis.

*
* *

Il faut remonter haut dans l'histoire pour trouver le germe de ces doctrines dont les conséquences ont été si funestes à la France.

Le moyen-âge vit en France et en Angleterre les luttes terribles de la Royauté et de la Féodalité. Tantôt violentes, tantôt sourdes, ces luttes avaient toujours pour enjeu : le Peuple, qui souffrait patiemment attendant son heure.

En France, la Féodalité fut terrassée par la Royauté triomphante.

En Angleterre, au contraire, la Féodalité devint toute-puissante.

Chez nos voisins, la Royauté, enchaînée par les hauts barons, fut obligée de consentir la grande charte, sorte de code libéral qui, tout en garantissant aux nobles la jouissance de leurs priviléges, créait la stabilité sociale.

Trois personnifications politiques se trouvaient en présence : la Royauté, la Féodalité et le Peuple. Les deux premières recherchèrent l'alliance de la troisième, qui ne pouvait que profiter de cette compétition naturelle.

C'est là le jeu perpétuel des institutions anglaises. L'amour du progrès, si remarquable chez le lord, lui fait devancer les désirs et les besoins du peuple, qui reste toujours la constante préoccupation du chef de la nation ; c'est à cette lutte généreuse de progrès et de liberté que l'on doit, en Angleterre, ce respect absolu des lois sans lequel il n'est point d'ordre et de stabilité.

*
* *

En France, au contraire, la noblesse, que Louis XI réussit à dompter par la ruse et la force, fut définitivement rabaissée par le cardinal de Richelieu. Le Peuple restait donc isolé en face de la monarchie toute puissante jusqu'au jour où, sentant sa force et son génie, il rompit ses liens séculaires et fit 89.

1793 assura le triomphe des masses ; obéissant au sentiment personnel qui avait motivé la lutte, elles substituèrent purement et simplement le pouvoir despotique qui les représentait : la Convention, au pouvoir despotique qu'elles avaient détruit : la Royauté.

La devise célèbre de Louis XIV « L'État, c'est moi ! » fut remplacée par la devise Jacobine « L'État, c'est nous ! »

*
* *

Depuis cette époque tous les gouvernements et toutes les révolutions ont été marqués du même sceau d'autoritarisme. Un même mobile a guidé leurs auteurs : écraser son rival et se substituer à lui pour tomber quelques temps après victime de l'illégalité qui avait présidé à l'usurpation de ses pouvoirs.

La France, depuis 89, n'a donc cessé de voguer entre deux écueils : celui de la Tyrannie et celui de l'Anarchie.

Elle fuyait l'un pour se rapprocher de l'autre.

De là ce droit à l'émeute, cette origine de tous les gouvernements qui se sont succédé depuis. Coups d'État en haut, barricades en bas, toutes les révolutions ont enfanté des gouvernements essentiellement illégaux qui n'ont pu se soutenir que par la force du fait accompli.

Nous ne voulons plus de ces convulsions périodiques qui menacent de s'éterniser ! Nous ne voulons plus de charlatans qui trompent le Peuple et d'orateurs qui le séduisent avec des phrases de rhéteurs ambitieux.

Nous demandons qu'on s'attache aux choses et non aux mots, et qu'une politique saine et pratique ferme au plus vite les plaies saignantes de la patrie !

Aujourd'hui, grâce à l'habileté politique, à l'expérience et au patriotisme de l'illustre Chef du pouvoir, nous sommes sortis des routes fangeuses où nous avaient conduits les bonapartistes de l'Empire et les républicains du 4 septembre et du 18 mars ; mais que d'efforts n'avons-nous pas à faire pour reprendre notre force et assurer notre prépondérance ?

Les milliards à payer, l'étranger à chasser, nos pertes à réparer vont appeler toutes les forces vives de la nation. Obtiendrons-nous un prompt résultat avec le provisoire ? Nous ne le croyons pas.

Nous devons donc désirer l'établissement d'un gouvernement définitif, mais lequel ? Les bonapartistes s'agitent et se croient sûrs du succès ; certes, nous savons 'incontestable supériorité des procédés qu'ils emploient, ils sèment *notre or* à pleines mains et ils connaissent admirablement les ficelles de cette machine qui s'appelle le Plébiscite.

Mais ils comptent trop sur l'ignorance politique des campagnes et pas assez sur l'honneur de la France.

Croient-ils que la Nation peut oublier l'héritage de honte qu'ils nous ont légué ?

Laissons-donc l'Empire et ceux qui fondent des espérances sur son retour ; les craindre serait faire injustice à notre cher et malheureux pays.

Nous pensons que, s'il est moyen de préserver la France d'une ruine totale, c'est dans l'union des deux principes qui forment la base fondamentale de notre état social.

Ces deux principes sont immortels : l'un a créé la France, la Monarchie ; l'autre l'a faite libre, la République !

Nous dirons aux républicains : Pourquoi cette ingratitude envers un passé auquel vous êtes redevables de quinze siècles de grandeur et d'unité nationale ?

Nous dirons aux monarchistes : Marchez avec nous à la conquête du progrès et de la liberté ! Vous représentez les illustrations de race et de nom qui ont fait la France noble et grande; nous sommes le travail, la science et l'industrie qui la rendent riche et puissante !

Plus de divisions ! vous êtes le passé, nous sommes le présent, unissons-nous et nous fonderons dans l'avenir le sublime idéal : l'émancipation complète du genre humain !

Dans cet ordre d'idées, nous devons chercher à rétablir la *monarchie;* non la monarchie despotique ! mais bien celle qui, dégagée de toute attache avec un régime éteint, nous donnera sincèrement et loyalement *la monarchie démocratique.*

Pour arriver à ce but, nous devons nous adresser aux princes de Bourbon dont l'attitude a toujours été noble et digne. Ennemis de toute conspiration et profondément attachés aux intérêts et à la grandeur de la France, ils ont élevé leur résignation à la hauteur de leur patriotisme, prêts à se dévouer pour leur mère-patrie.

Plaçons au sommet l'héritier de nos rois légitimes qui firent la France une et grande, et gardons à la base, le suffrage populaire avec ses droits imprescriptibles de vote et de contrôle.

Par l'alliance des principes monarchiques et des libertés publiques, la France ne sera plus assujettie aux flux et reflux de cette instabilité politique qui la jettent violemment entre deux barrières étroites de prospérité factice et de guerres civiles ; nos institutions se développeront selon les vœux du pays, et, forts de nos droits, nous défierons tous les despotismes, qu'ils viennent d'en haut ou qu'ils viennent d'en bas.

Ce mot de monarchie peut effrayer beaucoup de bons esprits sincèrement libéraux qui n'espèrent de salut que dans la forme républicaine ; mais nous les prierons, comme nous le disions plus haut, de ne point s'attacher aux mots et de jeter un regard en arrière. L'expérience leur démontrera que, jusqu'ici, nos révolutionnaires ont été plus préoccupés de la forme que du fond.

Nous le demandons ici à cette quantité de Français dont l'esprit indécis, va flottant entre l'espérance d'une République et la crainte trop justifiée de troubles et de malheurs, s'ils ne croient pas sincèrement que le salut de la France et l'intérêt général doivent l'emporter sur les goûts et les penchants particuliers?

Nous n'avons pas à douter de la réponse unanime qui nous sera faite : les dernières années ont jeté une trop vive lumière sur ce que la France doit craindre et espérer, et tous reconnaîtront que si les Sauveurs ont perdu le pays, les Républicains ont perdu momentanément la République !

Sans abdiquer nos sentiments démocratiques, nous croyons que notre seul refuge est dans la monarchie, dont nous venons d'esquisser le caractère. C'est donc à nous d'aider loyalement le pouvoir à fonder un gouvernement qui réponde aux besoins de la nation et qui soit durable.

Nous ajouterons qu'il faut « que ce gouvernement appelle tous les dévouements, tous les esprits éclairés, toutes les âmes généreuses, tous les cœurs droits, dans quelques rangs qu'ils se trouvent, et sous quelque drapeau qu'ils aient combattu jusqu'ici, à lui prêter l'appui de leurs lumières, de leur bonne volonté, de leurs nobles et unanimes efforts pour sauver le pays, assurer son avenir, et lui préparer, après tant d'épreuves, de vicissitudes et de malheurs, de nouveaux jours de gloire et de prospérité ! »

Il est donc évident que, s'en tenant au mot seulement, nos révolutionnaires nous ont donné la République, mais en confisquant nos libertés, et surtout la plus importante, la mère de toutes : la *liberté communale.*

*
*

Il n'est qu'un pouvoir qui peut donner, sans troubles et sans secousses, le développement indispensable à nos *libertés communales et sociales* : c'est LE POUVOIR MONARCHIQUE.

La *décentralisation,* objet des aspirations nationales, ne peut être créée sans dangers que par le pouvoir d'un seul.

Placé par son rang au-dessus de tous les partis, il peut juger avec impartialité tous les différends qui pourraient s'élever dans la *France décentralisée.*

Tribun populaire en quelque sorte, l'héritier de Louis le Gros peut seul développer l'œuvre de ses aïeux, et doter nos communes de ces franchises si larges et si populaires que l'esprit centralisateur du jacobinisme avait si injustement détruites.

*
* *

Il nous reste à développer le fonctionnement de la *monarchie démocratique.*

Nous nous garderons bien des créations ou innovations dangereuses que le passé condamne sans retour ; nous étudierons la marche libérale des peuples libres, et, tout en tenant compte du caractère et du tempérament de la France, nous prendrons à l'étranger les institutions qui nous paraissent de nature à fonder définitivement, chez nous, l'ordre dans la liberté.

Pour tout esprit sérieux qui étudie le mécanisme des gouvernements libéraux, il est un fait qui doit spécialement frapper l'observateur.

Partout, dans les pays où la liberté est chose constitutionnelle et stable, la majeure partie du pouvoir est aux mains des classes qui possèdent, soit par droit traditionnel comme les lords en Angleterre, soit par un mode spécial d'élections comme les sénateurs des États-Unis.

Dans ces deux pays, considérés, à juste titre, comme les plus libres du monde, la Chambre haute, Sénat ou Chambre des Lords, est la suprême dispensatrice du pouvoir politique.

Le peuple trouve dans cette combinaison une garantie de stabilité d'autant plus grande que des Chambres

composées de la sorte ne peuvent jamais devenir révolutionnaires, c'est-à-dire subversives de l'ordre de choses
établi.

En France, comme nous l'avons établi plus haut, la
Révolution jacobine de 93 a brutalement nivelé toutes les
classes ; elle a détruit à jamais cette aristocratie qui,
comme en Angleterre, possédait par droit traditionnel. Il
en est résulté une telle confusion sociale qu'il serait chi-
mérique de songer à rétablir ce que le temps et les haines
politiques ont inconsciemment renversé.

Mais les États-Unis nous offrent ici une occasion de les
imiter.

On a souvent répété que l'Union américaine avait, en
fondant son indépendance, créé des institutions nouvelles. Ce n'est point exact.

La Constitution américaine actuelle n'est que la *Constitution anglaise démocratisée*. Ses auteurs, hommes
essentiellement pratiques, ennemis des utopies phalansté-
riennes, n'eurent garde de tomber dans les erreurs de
nos révolutionnaires de **93**.

Ils comprirent la nécessité de confier le soin de la
chose publique, principalement aux classes qui possèdent.

Pour faire contre-poids aux violences des masses,

ils cherchèrent dans leur société démocratique une institution politique qui remplaçât dans leur nouveau gouvernement l'aristocratie dont ils avaient appris à reconnaître l'utilité dans la mère-patrie.

C'est ainsi que fut créé ce sénat américain émanant d'un suffrage d'autant plus éclairé qu'il est à deux degrés, et dont les décisions quasi-souveraines dictent la politique gouvernementale.

Le merveilleux développement des Etats-Unis est dû au respect absolu de la propriété, dont la sauvegarde est confiée à ses principaux détenteurs, aux grands négociants, industriels, etc. Ceux-ci ne peuvent donc rien permettre qui puisse y porter atteinte.

Imitons les Américains en tenant compte, dans cette rénovation politique, des lois qui sont la base fondamentale de toutes les organisations sociales.

Réservons à la classe qui possède, à la personnification la plus importante du travail, puisqu'elle représente la richesse, c'est-à-dire le travail accumulé, la plus grande part dans les fonctions gouvernementales ; donnons à cette aristocratie nouvelle du mérite et de l'intelligence la place que son aînée, l'aristocratie de race et de nom avait su conquérir dans les conseils de l'ancienne monarchie.

Ce n'est plus, en effet, sur les champs de bataille, comme au moyen-âge, que la nation peut recruter ses hommes remarquables, mais bien dans les tournois pacifiques de l'agriculture, du commerce et de l'industrie.

Dans une *Lettre sur la décentralisation*, écrite en 1862, le comte de Chambord s'exprimait ainsi :

« En effet, que moyen plus puissant et plus en harmonie avec nos mœurs et les faits contemporains, pour établir à la longue au milieu de nous une hiérarchie naturelle, mobile, conforme par conséquent à l'esprit d'égalité, c'est-à-dire de justice distributive, qui est aussi nécessaire au maintien de la liberté qu'à la direction des affaires publiques? Multiplier et mettre à la portée de chacun les occasions de se rendre utile en se consacrant selon ses facultés à l'administration des intérêts communs, faire que les rangs, dans la société, soient distribués suivant les capacités et les mérites, entretenir par un concours incessant l'émulation du dévouement, de l'intelligence et de l'activité dans des carrières constamment ouvertes à tous, et arriver ainsi à ce que l'influence et les distinctions se perpétuent avec les services rendus, c'est là ce que l'on peut légitimement se promettre de la décentralisation. »

Suivant ces conseils, nous créerons une chambre haute qui sera, comme le sénat américain, la quintessence du suffrage populaire. Que nos conseils généraux, librement élus, choisissent, parmi les membres qui composent chacun d'entre eux, deux délégués chargés de représenter au Sénat les intérêts de leur département, et nous aurons ainsi une Chambre qui comptera véritablement dans son sein les hommes les plus considérables et les plus éminents de la nation.

Nous reconstituerons en quelque sorte une aristocratie indispensable, comme nous l'avons déjà dit, à tout État libre.

*
* *

A côté de cette Chambre haute ou Sénat, aussi puissante que possible, sorte d'aréopage démocratique, il est du devoir du législateur de placer la chambre des députés.

Expression directe du suffrage universel, composée de députés dont le nombre sera basé sur la population du pays, elle apportera à son aînée l'inspiration juvénile qu'elle puisera dans l'esprit progressif de ses mandataires.

Ses attributions, nettement définies, seront surtout législatives et administratives.

Ses décisions, soumises au contrôle de la Chambre haute ou Sénat, seront ainsi tempérées dans leur ardeur par un pouvoir qui appréciera d'autant plus froidement

ses innovations qu'il sera placé dans des régions plus éle-
vées et plus calmes.

A la Chambre des députés, l'idée ; au Sénat, la mise
en pratique.

*
* *

Nous avons esquissé à grands traits les bases fonda-
mentales de la Constitution que nous souhaitons à notre
pays, et qui, représentant le plus les droits légitimes et
naturels, admet le moins de droits exclusifs, et répartit
autant que possible avec équité tous les avantages de
l'association civile entre toutes les classes.

Nous avons surtout cherché dans ce rapide exposé les
moyens propres à nous assurer cette stabilité sans laquelle les sociétés périclitent dans l'orbite des révolutions.

En quelques mots, nous pouvons résumer ces larges
principes dont l'application est simple parce qu'elle est
radicale.

*
* *

Au sommet, le Roi, immuable et souverain arbitre des passions de tous;

A ses côtés, deux Chambres, l'une envoyée par l'élite des notables de la nation ; l'autre, essentiellement démocratique et produit direct de la libre volonté populaire;

Au-dessous, le Peuple manifestant ses aspirations et ses désirs par la voie de ses représentants. Sa liberté et son influence sur les grandes discussions élèveront son patriotisme et porteront son intelligence à un degré inconnu sous toute autre Constitution.

*
* *

Le passé ne nous laisse que des ruines, réunissons-les pour reconstruire un nouvel édifice social et politique.

En dotant la Commune de ses franchises municipales, les institutions nouvelles assureront l'ordre dans le département en permettant aux différentes collectivités qui le composent l'exercice de leurs droits.

Ce département, administré par des conseillers géné-

raux élus par le peuple, jouira à son tour d'une autono-
mie parfaite vis-à-vis du pouvoir central sur presque
tous les points. Nous sommes ici en conformité d'idées
avec M. Raudot qui vient de présenter à la Chambre
un remarquable projet de loi sur la décentralisation.

Enfin l'État ne sera pas, comme dans l'idée jacobine,
une personnification despotique devant laquelle tout doit
s'incliner, mais bien un administrateur légal des intérêts
de tous.

De ces institutions larges et stables découleront natu-
rellement toutes les libertés sur lesquelles il ne nous paraît pas nécessaire d'insister ici.

D'ailleurs nous savons que toutes ces questions sou-
lèvent des difficultés que l'exiguité de notre cadre ne
nous permet pas de traiter aujourd'hui. Nous devons
laisser à de plus autorisés que nous le soin de les ré-
soudre, en nous réservant d'y apporter le concours absolu
de notre énergie et de nos forces.

Nous voulons la Monarchie, parce que le salut de la
République nous paraît gravement compromis par les
républicains eux-mêmes ; que le *statu quo* ne peut durer
indéfiniment ; que l'absence de gouvernement augmente
les difficultés et aggrave la situation, qu'il faut à tout

prix chasser l'étranger de notre territoire et reconstruire notre crédit;

Nous voulons la Monarchie enfin, parce que, entre la République que nous laissent les républicains et la Monarchie des princes de Bourbon, il n'y a pas à hésiter sur celui des deux gouvernements qui ramènera de suite dans le pays la richesse et la prospérité, en même temps qu'il nous assurera *des alliances nécessaires.*

Nous voulons aussi la liberté, mais la répression énergique de tous les abus, car nous savons encore par expérience que l'excès tient à la licence et que l'excès de licence ramène au despotisme.

Il n'est point de raisons qui puissent soumettre une partie de la société aux caprices illimités de l'autre. La justice et l'équité doivent admettre comme règle absolue un contrat rigoureux entre le roi et le peuple, par lequel ce dernier promet le respect et l'obéissance aux lois, à condition que le premier tendra inviolablement au bien du plus grand nombre.

Dans cette esquisse, nous nous sommes attaché à démontrer que l'accord entre le passé et le présent n'est point aussi impossible qu'on le pense communément, et nous avons essayé de prouver, puissions-nous avoir réussi, qu'en nous rattachant aux principes, nous pouvions clore l'ère des révolutions et fonder définitivement la *Monarchie démocratique.*

F. AUREAU. — IMPRIMERIE DE LAGNY.